그대에게 드립니다

이상훈

사랑에 관한 시를 쓰는 낭만 가득한 의사이다. 사랑을 하며 느끼는 기쁨과 슬픔, 설렘과 아픔을 섬세하게 표현하며 이를 통해 사랑의 본질을 전하고자 한다. 특히 기다림과 이별조차도 사랑의 일부분이라고 여기는 그의 시는 독자들의 마음에 깊은 위로와 치유의 메시지를 전해준다. 그의 낭만적인 감성이 담긴 시들은 단순한 문장을 넘어서 사랑을 논하는 모든 이들 사이에서 소통의 다리가 되어줄 것이다.

이력 및 경력

삼성가정의학과 원장. SBS 8시 뉴스, 생방송 투데이, 모닝와이드, KBS 스펀지, KBS 2TV 생생정보통, MBC 생방송 오늘 아침, JTBC 중독자들, 위대한 식탁, 미라클 푸드, TVN 수퍼푸드의 힘, MBN 천기누설, TV 조선 기사회생, 채널A 순정시대 등 다수의 방송에 출연하였으며, 헬스인 뉴스 등에 건강과 관련한 인문 칼럼을 기고하며 대중들의 건강과 웰빙에 긍정적 영향력을 행사하고 있다.

출간 도서

『나는 먹는다 고로 존재한다』(페스트북, 2024)

작가 홈페이지

그대에게 —— 드리렵니다

낭만의사 이상훈 시인의 심리 치유시집

차례

1장 일렁이는 붉은 태양을 드리렵니다

그대에게 드리렵니다	10
사랑한다는 그대의 말에	12
그대 오신다면	14
10년 후	16
그대와 함께 있노라면	18
그대 오신다기에	19
그대는	20
그대 있음에	21
카페에서: 그대와 만나는 날	22
어느 봄날 커피 향기	24
그대라는 그림 한 점	26
집 앞에서	27

파도치는 숲속	28
그대 향한…	30
여름바다 그 뜨거운 사랑	31
곁	32
80세에 그대와	34

2장 잠 못 이루는 하얀 달을 드리렵니다

그리움	36
가슴속 서랍	37
기억 (못하지만)	38
거짓말	40
우체통	42

함초롬히	43
비 오는 날 한옥에서	44
눈 내리는 날엔	46
창가에서	47
바람	48
첫눈 그리고 첫사랑	50
말없이	51
내 마음속 그대	52
가슴앓이	54
꽃이 피지 않아도: 70세에도 여전히 예쁜 그대	56
작은 불씨	57
흑백사진	58
3일만이 남아 있다면	59
세상의 끝에 서는 날	60

3장 핑크빛 가득 담은 바다를 드리렵니다

1월	62
2월: 구름	64
3월	66

4월	68
5월	70
6월	72
7월	74
8월	75
9월	76
10월: 이슬비 내리던 날	77
11월: 나무	78
12월: 눈이 내리면	80
겨울바람	81
봄 바다 커튼 너머	82
봄비	84
낙조	85
봄이 오면	86
모닥불	88

4장 햇살 가득한 오월의 숲을 드리렵니다

사계	90
서투른 것들	92

그대 나무	94
숲속 작은집	96
내 마음 담은 구름: 비 오는 밤	97
행복한 하루	98
세레나데	99
숨바꼭질	100
가을 숲: 그대를 만나러 갑니다	102
바람은 두근거림이다	104
무대	105
겨울밤 모닥불	106
인생이 어땠냐고 물으신다면	108
석양	109
소나무 가지 사이사이로	110
달빛	111
만추	112

작가 인터뷰

1장

일렁이는 붉은 태양을 드리렵니다

그대에게 드리렵니다

한여름 새벽녘
수평선 너머 잠에서 깨어난
일렁이는 붉은 태양을
그대에게 드리렵니다

깊어 가는 가을밤
반짝이는 별 바라보며
잠 못 이루는 하얀 달을
그대에게 드리렵니다

추운 겨울 저물녘
떠나가는 태양 뒤로
핑크빛 가득 담은 바다를
그대에게 드리렵니다

어느새 꽃 피는 봄
산새들 노니는 가지 사이
햇살 가득한 오월의 숲을
그대에게 드립니다

사랑한다는 그대의 말에

사랑한다는 그대의 말에
구름이 그림 되어 지나가는
파아란 하늘도
돛단배 한 척 사진 되어 떠가는
에메랄드 바다도
다 내게로 온다

사랑한다는 그대의 말에
새들 노니는 가지 사이
햇살 가득한 가을의 숲도
아침이슬 반짝이는
한여름 초원마저도
다 내게로 온다.

사랑하는 이여

그 소중한 마음 변하여
먼지 낀 잿빛 하늘
인적 없는 겨울 벌판을
내게 보내지 말아 주오

그대 오신다면

그대가 봄에 오신다면
하양 분홍으로 설레는 가슴
한들한들 그대 곁에 풀어놓으렵니다

그대가 여름에 오신다면
초록 기운 가득한 내 마음
산들산들 바람에 실어 보내겠습니다

그대가 가을에 오신다면
푸르다 붉어져 버린 내 이야기들
밤새도록 들려드리렵니다

그대가 겨울에 오신다면
그대 기다리다 세어 버린
은발이라도 감추지 않고
보여 드리겠습니다

사랑의 결을 따라 적어 내려가는 공간

10년 후

10년 후 내 인생은
가을 같았으면 좋겠습니다
기나긴 시간들 물들여
나를 단풍 들게 하고
당신을 기다리겠습니다

그다음 10년 후 내 인생은
늦가을 같을 것입니다.
가을바람처럼 지나가 버릴 날들
정성스레 담아내어
커피 향 가득한 갈색빛으로 익어
당신을 기다리겠습니다

또 다른 10년 후 내 인생이 있다면
겨울이겠지요

다시 못 올 스쳐 가 버린 날들
세상의 끄트머리에서
눈 내린 머리라도 정갈히 빗고
당신을 기다리겠습니다

그대와 함께 있노라면

그대와 함께 있노라면
이른 아침 커튼 사이
따스한 햇살도
깊은 밤 창밖
차가운 달빛마저도
나를 미소 짓게 합니다

그대와 함께 있노라면
나뭇잎 흔들며 지나가는 바람도
파란 물결 일렁이는 파도마저도
나를 설레게 합니다

그대와 함께 있노라면
눈감아도 보이는 그대의 체취
바람도 숨죽이는 그대의 가냘픈 숨소리가
나를 살아가게 합니다

그대 오신다기에

첩첩산중 외로운 곳
그대 오신다기에
새벽부터 차려입고
온갖 문을 활짝 열어 두었습니다

책을 펼쳐 봐도
눈은 저 멀리 길 위에 있고
이리저리 서성거려도
시간은 아직도 그대로입니다

많은 시간이 지나고
온 세상이 변해도
그대는 여전히
설렘이고 그리움입니다

그대는

그대는 가랑비처럼
잠든 숲을 깨우고
창문을 두드리더니
내 마음도 흔들어 놓았습니다

그대는 아침햇살처럼
들판을 비추다가
어느새 내 가슴 창으로
향기 가득 품고 들어왔습니다

그대는 가을 달빛처럼
호수를 떠다니다
내 눈 가득
눈물로 스며들었습니다

그대 있음에

어제는 춥고 매서웠던 바람이
그대 있음에
오늘은 시원하고 부드럽게 나를 감싸 줍니다

어제는 무섭게 창문을 두드리던 빗줄기도
그대 있음에
오늘은 음악에 맞춰 유리창에 흐르는 빗방울이 되었습니다

어제는 그리도 길었던 하루가
그대 있음에
오늘은 부여잡고 싶은 찰나가 되었습니다

카페에서
그대와 만나는 날

그대와 만나는 날
카페에 미리 가
창가 자리를 잡고
건너편 의자를 봅니다
빈자리인데도 두근거리는 가슴

방금 도착한 그대
벌떡 일어난 나
환하게 웃는 얼굴
두근거림은 이제 소리까지 데려와
쿵쾅거리고

뭐가 그리 좋은지
물을 것 같아

들키지 않으려
가만히 메뉴만 들여다봅니다.

어느 봄날 커피 향기

이른 아침
그대 곁에서 눈을 뜨면
흔들리는 커튼 따라
들어오는 푸른 공기

뒤척이다 일어나
그대 위해 커피 내리면
흔들리는 나뭇잎 따라
불어오는 초록 바람

테라스
그대와 함께 나와 앉으면
흔들리는 내 맘 따라
설레는 커피 향기

사랑의 결을 따라
적어 내려가는 공간

그대라는 그림 한 점

소파에 누워 있는 여인
붉은색 드레스
슬며시 드러나는 부드러운 속살

편하게 잠든 여인
넋 놓고 바라보다
미소 짓는 나

그대라는 그림 한 점
오늘도 나만의 미술관에서
보고 또 감상하다
스르르 잠이 듭니다

집 앞에서

그대 하늘 따라 걷다가
멈춰 선 곳
그대 향기 가득한 집 앞
차마 불러 보지 못하고
바라만 보다 눈감으면
그곳엔
어느덧 미소 가득한 그대

그대 거리 따라 걷다가
뒤돌아선 곳
그대 기억 가득한 집 앞
차마 떨치지 못하고 넋 놓다가
고개 돌린 그곳엔
흔들리는 내 영혼만

파도치는 숲속

파도 소리 가득한 숲속을
나 홀로 걸었습니다
그대 소리 귀에 가득
그대 얼굴 눈에 가득

바람 소리 가득한 숲속을
그대와 걸었습니다
그대 손 내 손에 가득
그대 어깨 내 품에 가득

흙 내음 가득한 숲길을
그대와 둘이서 걷고 싶습니다
그대 향기 내 가슴에 가득
그대 살 내음 내 피부에 가득

사랑의 결을 따라 적어 내려가는 공간

그대 향한…

가 본 적 없는 북극 어딘가의
차가운 바람도
그대 향한 타는 가슴 식히지 못하고

적도 끄트머리 작열하는 태양도
그대 향한 내 마음에 녹아내립니다

따뜻한 나라 꽃향기 가득 담긴
부드러운 바람은
그대 향한 세레나데가 되고

깊은 밤 천둥 요란하게 쏟아 내는
열대의 폭풍우는
그대 향한 나의 광시곡이 됩니다

여름바다 그 뜨거운 사랑

눈부신 태양에 설레던 바다는
커다란 파도 되어 한달음에
하늘과 만나고

다시 더 큰 물결 되어
만나고 헤어지기를 되풀이하다

연약한 금빛 모래가 밀려갈세라
잔물결로 부드럽게 감싸안으며
입맞춤한다

빠르다가 느려지는 음악처럼
바다는 거친 파도로 때로는
잔잔한 물결 되어
그대에게로 간다

곁

곁은
내 마음이 오롯이 담긴 자리
스쳐가 버리지 않고
곁이 되어 준 그대

오늘도 나는 그 곁을
커피 향 가득 채워 비워 둔다

언제 올지 기약 없는 당신이지만
아무도 모르게
곁을 보며 미소 짓는다

사랑의 결을 따라
적어 내려가는 공간

80세에 그대와

손잡고 나란히 걷습니다
거칠어진 그대의 손
내가 자꾸 잡아서 그런가 봅니다

커피 앞에 두고 마주 앉습니다
주름이 많이 늘었습니다
내가 자꾸 쓰다듬어 그럴 겁니다

잠든 모습 들여다봅니다
미소 짓는 얼굴 때론 내 이름도 불러 줍니다
내가 아직도 많이 좋은가 봅니다

2장

잠 못 이루는
하얀 달을
드리렵니다

그리움

그대 향한 그리움은
쏟아지는 폭우처럼
오늘도 하루 종일 내립니다

기다리다 지쳐
이내 잠이 들면
날 깨우는 천둥번개

그대 오신 걸까
빗속으로 달려가 보지만

잦아든 빗줄기만
흐르는 눈물 감춰 줍니다

가슴속 서랍

차마 하지 못한
꼭 하고팠던 말을
그대 가슴속 서랍에
살그머니 넣어 두었습니다

먼 훗날 열어 보시라
말없이 두고 왔습니다

비 내리고 눈 나리는 세월 따라
서랍도 닳고 닳아
삐걱거리고 잘 열리지 않아도

그대
언젠가는 그 서랍을 열어 보시겠지요

기억 (못하지만)

하늘이 푸르던 저녁 그대와 걷던 골목
얼마나 좁았는지
기억나지 않지만
내 가슴속으로 난 그 길을
오늘도 그대와 걸어갑니다

간판이 파랗던 함께 갔던 카페
이름은 기억 못 하지만
환히 웃던 그대 미소
내 기억 속 자리한 찻집에
여전히 흐르고 있습니다

차마 잡지 못했던 그대 손
스치던 그날 그 감촉
지금은 느낄 수 없지만

내 손 깊숙한 곳
아련히 남아 있습니다

거짓말

기나긴 세월을
기다릴 수 있나 물으시길래
그럴 수 없노라 말하고
그대 그리며 기다린 날들

또 얼마나 기다릴 수 있나 물으시길래
잠시도 그럴 수 없노라 답하고
눈물로 지새운 기나긴 밤들

한 번 더 기다릴 수 있나
물으신다면
나 그대에게 다시 말하길
절대 그럴 수 없노라

사랑의 결을 따라
적어 내려가는 공간

우체통

그대에게 못한 그립다는 말
붉게 물든 내 마음인 듯
우체통에 넣어 두렵니다.

그대를 사랑한다는 말
멈추지 않는 메아리 되도록
소리쳐 넣어 두렵니다

그대와 늘 함께이고 싶다는 말
우리의 붉은 벽돌집인 듯
그곳에 넣어 두렵니다

함초롬히

비 젖은 저녁 그대 집 앞
함초롬히 서 있던 그대
구름 속 햇살처럼
우산 뒤로 숨어 버린 그대

보일 듯 말 듯 애타는 마음
우산 밖으로 보인 찰나의 설렘
영원의 잔영으로
온몸을 휘감는 그대의 미소

그대 머물다 떠나 버린
그 길처럼
어느새 빗방울 눈물 되는
텅 빈 도로만

비 오는 날 한옥에서

빗방울 떨어지는 소리에
쪽마루에 나와 앉아
빗소리를 봅니다

기와를 타고 내리던 비는
소나무 위로 내려앉아
솔잎 방울 되어 떨어지고

눈감으니 빗소리에
실려 오는 그대 노랫소리
어느 결에 내 어깨 위
기대어 있는 그대

사랑의 결을 따라 적어 내려가는 공간

눈 내리는 날엔

눈 내리는 날엔
그대와 바다에 가고 싶다
깊음 속으로 녹아들어 가는
가녀린 눈송이를
그대에게 보여 주고 싶다

눈 내리는 날엔
그대와 숲으로 가고 싶다
소리 없이 폭신폭신 쌓여 가는
아무도 가지 않은 길에 그대의 발자국 남기고 싶다

눈 내리는 날엔
그대와 어디론가 떠나고 싶다
차창 밖 하얀 세상을
그대와 기대어 도란도란 이야기하고 싶다

창가에서

구름은 오늘도 제 갈 길만 가고
파란 하늘은
가는 구름 붙잡아 보지만
떨치고 가 버린 야속함에 잠시 비를 흘리고
햇살의 위로에도 붉게 젖어 듭니다

거리에는 나무를 떠나가
방황하는 잎들이
낯선 이의 발밑에 부스러지고
나무는 말없이 바라보다
가슴앓이를 바람에 실어 숨겨 봅니다

창밖 멀리 보이는 그대
지금 내게로 오는 그대가
구름이 아니고 잎새가 아니어서
고맙습니다.

바람

이른 아침 열린 창으로
그대가 들어옵니다
방 안 가득 그대 내음
내 몸 가득 다 담으려
한껏 들이마셔 봅니다

뜨거운 햇살 나무 아래로
그대가 불어옵니다
대기 가득 그대 감촉
더위에 지친 내 볼을 내어드립니다

저녁노을 구름 사이로
그대가 떠나갑니다
가슴을 뚫고 가는 차가운 그대지만
내일 새벽에도 창문을
살며시 열어 놓겠습니다.

사랑의 결을 따라
적어 내려가는 공간

첫눈 그리고 첫사랑

세상엔 첫눈이 내리고
내 가슴엔 첫사랑이 내린다.

눈보라는 첫사랑을 그려 내고
첫사랑은 설렘으로 쌓인다.

어느새 첫눈은 소복이 쌓여 가고
하세월 녹아내리지 않는
그대 첫사랑이여…

말없이

세상의 거칠음에 힘들고 지친 영혼
그대 처진 어깨, 고인 눈물
말없이 안아 드리겠습니다

세상 언어의 비수에 상처받은 가슴
들썩이는 어깨, 마침내 터져 버린 눈물
말없이 닦아 드리겠습니다

어느 날 눈보라 치고 서릿발 날리는 세상
움츠러든 어깨, 말라 버린 눈물
말없이 그대 곁을 지켜 드리겠습니다

내 마음속 그대

눈이 소리 없이
소복소복 길을 덮으면
말없이 가신 님 그리워
은빛 하늘 바라봅니다

눈이 되어 내리는 그대
그날처럼 안아 주는 듯
포근히 어깨 위로 내려앉습니다

기억 속 그대는 온통 하얗지만
내 마음속 그대는 늘 푸르게
웃고만 있습니다

사랑의 결을 따라 적어 내려가는 공간

가슴앓이

사랑한다 차마 말하지 못해 흘려보낸
수많은 시간 속
가슴앓이

그리움과 아쉬움은
그렇게 가슴에 박히었다

차마 할 수 없었던 말들
목 너머로 나올까 삼켜야만 했던
소중한 언어들

사랑은 그렇게 내 언어들을
가슴앓이로 남겼다

사랑의 결을 따라
적어 내려가는 공간

꽃이 피지 않아도
70세에도 여전히 예쁜 그대

꽃이 피지 않아도
그대이기에 예쁜
나무가 있더라

꽃이 피지 않아도
분홍 가득 봄꽃보다
새하얀 겨울꽃보다 이쁜
그대라는 나무가 있더라

꽃이 피지 않아도
그대이기에 예쁜 나무를
오늘처럼 또 내일도
만나러 간다.

작은 불씨

사랑은 영원하지 않아
먼 훗날 그대 가슴 겨울이 되고
그대 얼굴 햇살 사라질 때

그대 마음 작은 불씨 꺼지지 않게
숨죽이며 그대 곁에 있겠습니다

작은 불씨 불꽃 되어
그대 눈으로 비쳐 나올 때
그대여 내게로 다시 오시렵니까

흑백사진

그대와 내가 만난 날들이
흑백사진이 될 날

희미해진 기억
들리지 않는 속삭임
그대 모습 뿌예져도

사진 속 그대 불러내어
함께 노닐다 가리니

분홍빛 얼굴 푸르른 미소 가득한
그대와 나 우리 둘만의 흑백사진들

3일만이 남아 있다면

내게 3일이란 시간만이 남아 있다면
첫날은 햇살이 따스하고 하늘이 파란색이면 좋겠습니다
그대와 추억 가득한 레스토랑에서
와인을 마시고
바다가 보이는 카페에 가고 싶습니다

둘째 날은 부슬비가 내리면 좋겠습니다
인적 없는 숲속 길을
그대와 함께 하염없이 걷고 싶습니다

마지막 날은 시원한 바람이 불어 주면 좋겠습니다
그대 꼭 안고 있다가, 다시 안고 있다가
바람 가는 길 따라 보내 드리겠습니다

그날은 10월이었으면 좋겠습니다

세상의 끝에 서는 날

시간은 흘러
내 얼굴엔 결국
세월의 흔적이 새겨지겠지만
내 심장엔 그대 향한 마음이 쌓여 있겠지요

나 주름 가득해지는 그날에도
거칠어진 손이지만 그대 고왔고
까맣던 머릿결 쓰다듬어 줄게요

세상의 끝에 서는 날
여러 가지 색, 굴곡 많은 인생이었지만
그대 있음에 늘 푸르렀던 나날들
희미해져 가는 눈으로
마지막 빛을 맞이할 겁니다

3장

핑크빛 가득 담은
바다를
드리렵니다

1월

눈 내리다 지쳐
비가 되어 세상을 적시던 날
젖은 그대 손 호호 불다가
마주친 눈에서 그대 마음을 보았습니다

비 내리다 지쳐
바람 되어 세상을 흔들던 날
가녀린 그대 옷 벗어 덮어 주다가
떨리는 몸에서 그대 마음을 느꼈습니다

바람 불다 지쳐
다시 눈 되어 세상을 안아 주던 날
하얀 눈밭에 함께 누워 있다가
스치는 입술에서 그대 마음을 알았습니다

사랑의 결을 따라 적어 내려가는 공간

2월
구름

눈보라 그치고 파아란 하늘
그 위를 한가로이 지나가는 그대여
행여 놀랄까 숨죽이며 지켜만 봅니다

추위 견디며 기다려 이내 만나는 그대의 우아한 유영
어느새 매화꽃보다 붉어진 그대의 야릇한 미소는
내 가슴에 벌써 봄을 피웠습니다

그렇게 흘러가 내일은 흐려져 눈물 떨궈도
오렌지빛 태양 아래 빛나는 그대
밤이 지나면 다시 내게 오실 것이기에

찬바람 다시 불고 눈서리 세차도
가슴 열어 바람 안으며 말했습니다

파란 하늘 하얀 그대를
기다리고 기다릴 거라고…

3월

매화나무 붉은 꽃같이
그대에게 가렵니다
하얀 벚꽃처럼
덧없이 설레지 않고
기나긴 겨울 견디어 낸
매화나무 붉은 꽃송이 되어
그대에게 가겠습니다

산수유 노란 꽃같이
그대에게 가렵니다
노란 개나리처럼
쉬이 꺾이지 않고
한적한 숲속
산수유 노란 꽃봉오리 되어
그대에게 가겠습니다

사랑의 결을 따라
적어 내려가는 공간

4월

노란색 분홍색 꽃들이 뒤엉켜
세상이 환하게 들떠 있던 날
핑크빛 그대의 고백에
꽃처럼 붉어진 볼 위로
스쳐 간 입술

나 몰래 감긴 눈앞엔
벚꽃이 눈송이 되어 흩날리고
꽃들은 뜨거운 붉은색 되어
선명하게 피어났습니다

어느새 맞닿은 두 입술
내 마음속 피어난 꽃
바람에 빨갛게 흔들리던 소리들

4월은

붉은색 고백이었습니다

5월

꿈처럼 찾아온 젊은 시절
향기로웠던 날들
아련한 기억들은
라일락 보랏빛으로 흔들리고

벤치 위 파란 하늘
휘감아 도는 등나무아래
봄 햇살 같던 시절들이
차곡차곡 쌓여 갑니다

무언가에 이끌려 걷다가
하늘하늘 하얀 꽃 아카시아
향기 그윽한 그대를
보라색 5월에 그렇게 만났습니다

5월의 꽃들을 담아 봤습니다. 꽃말은 다음과 같습니다.

라일락: 젊은 날의 추억, 첫사랑
등나무꽃: 환영, 사랑
아카시아: 순결, 신비로운 사랑

6월

먼동이 희붐하게 밝아 오면
바람에 풀이 일렁이며
푸른 춤을 춘다

하늘은 높이 떠나가 버려
파랗다가 하얗더니
이내 분홍 되어 다가온다

석양이 어스름하게 희미해져 가면
바람에 나뭇잎이 흔들리며
붉은 노래를 한다

그대는
6월 하늘을 채색하고
바람은

풀과 나뭇잎으로
흥얼거린다

7월

7월의 바다는
세상 끝까지 닿을 듯 이글대는 태양
하늘까지 닿을 듯 솟구치는 파도로
뜨겁고 소란스러웠습니다

루비 같은 그대는
멀리서 밀려오는 붉은 파도처럼
점점 더 강렬하게
내 가슴속 해변에 닿았고

그대 눈부신 빛에
태양은 구름 속으로
숨죽이며 스러져 가고
파도는 바람 속으로
소리 죽여 부서졌습니다

루비는 7월의 탄생석입니다.

8월

비 내리는 하늘
바람 따라 흐르는
수많은 음표들
그대 향한 세레나데

우리의 만남처럼
늘 목마른 8월

한바탕 비 내리는 날
커피 한잔 두고 창가에 앉아
아름다운 소리 모아
그대에게 가득 보내렵니다

9월

여름은 세상이 펼쳐 놓은 캔버스에
그대가 좋아하는 색들로
투명한 붓칠을 합니다

여름날 비가 만들어 낸
수채화 가득한 세상을
가을엔 꽃과 나무들이
유화로 덧칠합니다

수채화 같고
또 유화 같은
그대가
여름에도 가을에도
그립습니다.

10월
이슬비 내리던 날

이슬비 흩날리는 숲속
멀리 나무들 바람에 살랑이고
잎새들 비 따라 반짝거리던 날

그대와 단둘이 기대어 있던 테라스
빗소리는 우리 가슴을 두드리고
바람은 우리 볼을 설레듯 스쳐 갔습니다

그대 감싸안고 거닐던 우산 속
우리 둘만의 비 내리던 숲을
내 기억의 뜨락에 펼쳐 놓았습니다

11월
나무

얼마 남아 있지 않은 잎새의 무게에도
유난히 힘들어 보이는
그대

바람 더 차가워진 11월에
가려주던 잎들마저 떠나 버렸네

벌거벗은 몸은
눈이 내려 덮어 주리니
조금만 더 견디면
한겨울도 지나가리라

하세월 그래 왔듯
그 자리를 지켜다오

더 푸르고 고운 잎들이
그대를 만나기 위해
설레며 기다리고 있으니

12월
눈이 내리면

까아만 하늘 파아란 달빛 따라
새하얀 눈이 내리면
별빛 품은 거리를
그대와 걸어가고 싶습니다

눈 덮인 길은 소복소복
소리 내어 반겨 주고
발자국들은 숨어 숨어
우리 뒤를 따라옵니다

작은 나무들 안개꽃 되어
그대인 듯 유혹하면
발자국에 붙들려
하염없이 바라봅니다

겨울바람

겨울바람이 지나가면
호수는 잔물결로 설레다
벽에 부딪히는 아픔마저
소리 내지 못하고 이별을 흐느낀다

겨울바람이 지나가면
나무는 잔가지로 흔들리다
잎새 떨구어
설레었던 마음
길 따라
쌓고 또 쌓는다

봄 바다 커튼 너머

활짝 열린 창문 살랑이는 커튼 너머
반짝이는 바다를 바라보다 눈을 감습니다

봄날의 시원한 바람이 불어
일렁이는 물결 따라 그대에게로
흘러가는 내 마음

파도가 흥얼대는 은빛 노래 들으며
오늘도 그대에게로 그대에게로

사랑의 결을 따라 적어 내려가는 공간

봄비

봄비가 추적추적 내리던 날
그대 뒤돌아가던 그 길 따라
한참을 걸었습니다

부슬부슬 비 따라 흐르는
멀리 퍼지던 그대의 웃음소리
후드득 떨어지는 빗소리
말없이 바라보던 그대 얼굴

그대 기댔던 어깨는 텅 비어 있지만
그 시절 그 봄날은
내 가슴속 유리창으로
오늘도 봄비 되어 흘러내립니다

낙조

파란 하늘이 멀리 섬 너머로
분홍 하늘을 떠나보내면
갯벌 가득 핑크빛 서러움이 퍼져 나간다

서서히 섬 그림자로 가리어지다
깊은 어두움 속으로 빠져 버린다

오직 소나무만이 고개 저어
가지 말라 바람에 전하고
달빛이 바다를 달래 주건만
별은 갯벌 위로 눈물 되어 떨어진다

봄이 오면

이른 아침 쏟아지는
따스한 햇살 가득 담아
그대에게로 가렵니다

봄바람 살랑이는 들판
꽃들이 벗어던지는
향기 가득 모아
그대에게 안겨 드리렵니다

눈부신 하늘 봄빛 따라
날아가는 바람 소리 모아
그대 귀에 가득 들려드리렵니다

사랑의 결을 따라
적어 내려가는 공간

모닥불

온 힘 다해 이 내 몸 태우고
곁에 있던 이들 모두 떠나가도
바라봐 주는 그대 있으니
작은 불씨라도 남겨
그대 가슴속에서 살아가고 싶습니다

화려한 불꽃은 아니지만
고요히 흔들리는 몸짓 되어
그대 넋 놓아 바라볼 수 있으면
좋겠습니다

마음은 아직도 불잉걸이나
타닥타닥 그대 곁에서
천천히 타들어 가는
모닥불이라면 좋겠습니다

4장

햇살 가득한
오월의 숲을
드리렵니다

사계

그대를 처음 본 가을
내 눈 가득 붉은
단풍이 들었습니다

겨울 되어
내 가슴 나무 위로
새하얀 눈이 쌓이더니

그대가 가져다준 봄
내 머리 위로 분홍색 꽃이 흩날리고

그대와 함께한 여름은
내 맘 가득 파란 하늘이
에메랄드 바다 위로 펼쳐졌습니다

사랑의 결을 따라 적어 내려가는 공간

서투른 것들

그대에게 무얼 해 줄까
오늘은 서투른 세레나데
내 품 안의 그대 위해
흔들리는 가슴으로 불러 봅니다

그대가 무얼 좋아할까
서투른 캐논과 왈츠
내 앞의 그대 미소 보며
떨리는 손으로 연주해 드립니다

그대에게 내 맘 감추지 않으려
서투른 나의 언어들
눈감고 내 맘 들여다볼
그대 위해 타는 입술로 읽어 드립니다

그대만을 위한
서투른 노래
서투른 연주
서투른 시

때론 서투른 게 더 진실될 때가 있습니다.

그대 나무

그대 나무는
계절의 변덕에도
늘 그 자리를 지키고 있습니다

초록 잎으로 흔들리며
행여 오실까
늘 설레고 있습니다

그대 나무는
거센 바람의 유혹에도
늘 그 자리에 버티고 있습니다

하얀 눈 날리고 노란 잎 떨어져도
시린 가슴 감추며
늘 그 자리에서 기다리고 있습니다

사랑의 결을 따라
적어 내려가는 공간

숲속 작은집

오솔길 지나고 지나
자작나무 사이사이
작고 작은 집

낮에는 호수를 안고
밤엔 별을 품는
그대와 나
우리 둘만의 집

차 한잔 앞에 두고
그대와 마주 앉으면
어느새 해는 산을 넘어가고

세월도 쉬어가는
그대와 나의
숲속 작은집

내 마음 담은 구름
비 오는 밤

고즈넉한 사찰
기와지붕 위 빗소리
꽃과 나무들은 외로이 젖어 들고
새들은 숨어 속삭이는 밤

나 시원한 빗줄기 되어
그대 곁으로 가
청량한 밤의 노래 들려주고 싶지만

행여나 그대 젖을까
내 마음 가득 담은 구름만
바람에 실어
그대에게 보내렵니다.

행복한 하루

아침 따스한 햇살 아래
그대 향기 가득한 모닝커피
연기 따라 다가오는 그대 부드러운 눈길

이른 오후 살랑이는 바람에
흔들리는 나뭇잎
설레게 하는 그대 속삭임

늦은 저녁 차가운 공기 속
움츠러든 달빛
지친 내 몸을 감싸는 그대의 품

―――

아침 오후 저녁
이 모든 게 그대와 함께 있어 행복한 하루

세레나데

곁에 있음에 웃고
그리움에 눈물짓고

어느 결에 온통 내 마음이 된 그대
힘들 때 꺼내 보고
행복할 때 들여다봅니다

세상 모든 아름다운 것들이
그대와 나 우리의 음악이 되지만

나의 노래는 오직 그대 향한
별빛 가득한 밤의 세레나데

숨바꼭질

내 마음 깊은 어디 숨어 있는 그대
오늘도 그대와 숨바꼭질
쿵쾅거리며 찾아봅니다

하늘에서 찾은 그대는
분홍색 구름이었고
숲에서 본 그대는
꽃잎 흐드러진 나무였습니다

내 가슴속 세상엔
늘 찾고 싶은 그대 있건만
오늘도 차마 불러내지 못하고
그저 숨바꼭질만.

사랑의 결을 따라 적어 내려가는 공간

가을 숲
그대를 만나러 갑니다

그대를 만나러
가을 숲으로 갑니다

이제 막 붓질을 시작한 그곳엔
커피 향이 흘렀고
발아래 바삭거리는 소리에
그대가 좋아하던 과자 맛이 났습니다

멀리 희미하게 보이는
그대 모습
발보다 앞선 마음에
넘어져 뒹굴다가
하얀 들꽃에서 그대 향기를 맡으며
웃음 짓습니다

나무 사이 선명히 보이는 그대
흔들리는 걸음
여유 있는 척 천천히
그대에게로 갑니다.

바람은 두근거림이다

붉은 노을이 핑크가 될 때
그대 찰랑이는 머릿결에서 바람이 시작된다

바람은 멀리 회색 하늘을 돌아
내게로 오고

나는 가슴을 열어 그대 바람을
맞이한다

나를 감싸안고 어루만지던 바람은
다시 그대에게로 가
따뜻한 숨결 되어
내 입술 속으로 녹아든다

바람은 두근거림이다

무대

그대와 함께한 인생은
조명 가득한 무대였습니다

때론 조명이 꺼지기도 하고
쓸쓸히 텅 빈 날도 있었지만

그대가 꾸며 준 날들은
화려한 불빛으로 충만했습니다

아쉬움도 많은 세월이었지만
수많은 작품으로 가득했던
나의 무대는
그대가 있어
무척이나 아름다웠습니다

겨울밤 모닥불

그대는
겨울밤 모닥불

곁에만 있어도
전해지는 그대의 온기

공기 따라 들어오는
그대의 그윽한 마음

고요한 밤 타닥이는
그대만의 언어들

멍하니 바라보게 되는
그대의 흔들리는 몸짓

사랑의 결을 따라
적어 내려가는 공간

인생이 어땠냐고 물으신다면

누군가 내게
인생이 어땠냐고
묻는다면
그저 미소만 지으렵니다

그대가 내게 인생이 어땠냐고
물으신다면
환하게 웃으며
손잡아 드릴 겁니다

그대와 함께한 인생
꼭 안아 드리면
당신은 아시겠지요

석양

곧 떠날 걸 알기에
시린 가슴 숨기려
그저 미소 짓습니다

들키고 싶은 마음
차마 꺼내지 못하고
그대 바라만 봅니다

산 너머로 떠나 버린 그대
남겨진 연분홍 그림자
뻗은 손 거두어
고이 보내 드립니다

소나무 가지 사이사이로

소나무 가지 사이사이로
하늘이 있고
또 바다가 있다

소나무 가지 사이사이로
그대가 있고
또 그대가 있다

내 마음 여기저기 사이사이로
그대가 있고
또 그대가 있다

달빛

봄날 호수 일렁이는 물결 따라
따스한 달빛
그대 손길인 듯 온몸에 스며들고

여름날 밤 잔잔한 호수 위
선명한 보름달
그대 얼굴인 듯 내 눈 가득 담겼습니다

가을 나무를 품은 붉고 노란 호수 위로
하얀 달빛 더해지면
그대 마음인 듯 시린 가슴 설레게 하고

겨울 얼어붙은 호수 위로 달빛 따라
흩날리는 눈은
그대 속삭임인 듯
귓가를 떠나지 못합니다

만추

우리도 언젠가는 수목의 잎처럼
말라 떨어지겠지만
눈부시게 푸르던 날들도 있었고
그 무엇보다 더 붉게 물들던 시절도 있었습니다

그대 푸르렀고 화려했던 날들
내 가슴 뜨락에 낙엽 되어 쌓여 있으니
언제든 들춰 보여 드릴 수 있지만

어쩌면 더 아름다울 우리의 길을
그대와 도란대며 걸어가고
때로는 그대 무릎에서 쉬어가고 싶습니다.

사랑의 결을 따라 적어 내려가는 공간

작가 인터뷰

이전 책 〈나는 먹는다 고로 존재한다〉와는 다른, 사랑 시집을 쓰게 된 계기는 무엇인가요?

처음에는 아내한테 결혼 30주년 선물로 주고 싶어서 쓰기 시작했어요. 그런데 시를 쓰다 보니까 데이트 폭력이나 스토킹 같은 여러 가지 사회적인 문제들이 너무 많은 거예요. 또 요즘은 20대든 30대든 40대든 돈이 가장 중요한 관심사인 것 같더라고요. 학생들은 공부에 치이다 보니 감정적인 부분에 대해 생각할 시간이 부족하고, 나이가 들면서는 감수성이 무뎌지기가 쉬워요. 이렇게 점점 잊혀 가는 감정들을 되살릴 수 있기를 바라며 이 시집을 쓰게 됐어요.

사랑의 본질을 주제로 삼은 특별한 이유가 있나요?

저는 사랑이 인간 존재의 가장 큰 이유이자 발전의 원동력이라고 생각해요. 가족이든 연인이든 누군가를 사랑하면 동기 부여가 되잖아요. 사랑하는 사람을 위해서 무언가를 해주려면 능력이 있어야 하니까 공부도, 일도 더 열심히 하게 되죠.

요즘 젊은 세대가 다 그런 건 아니지만, 전반적으로 손해를 안 보려 하는 것 같아요. '손해'라고 느낀다면 그건 사랑이 아니거든요. 저는 비트코인이나 부동산 투자로 얼마 벌었다는 류의 기사를 좋아하지 않아요. 제 또래도 그렇지만 젊을 때는 그런 걸 보면 더 조급해질 수밖에 없어요. 인생에서 '사랑'이 지니는 의미를 알려면 마음의 여유를 가져야 해요. 지친 일상에서 한 발 떨어져서 인생을 조망해 보기를 권하고 싶어요.

결혼 30주년을 맞이하신 지금, 작가님께 '사랑'이란 어떤 의미인가요?

아내는 제가 처음으로 손을 잡은 사람이에요. 친구로 만났다가 5~6년 정도 연애하고 결혼했어요. 결혼한 지 30년이 됐는데 지금도 시간이 날 때면 뭐든 함께해요. 〈모닥불〉이라는 시에 썼듯, 저와 아내의 사랑은 화려한 불꽃은 아니지만 천천히 타들어 가는 겨울밤의 모닥불 같은 사랑이죠. 뜨겁게 타오르는 불 옆에는 가까이 가기가 힘들잖아요. 오히려 은은히 남아 있는 불꽃이 따스하고 무척 아름답다는 생각이 들어요.

작가님은 왜 '시'를 쓰시나요?

저한테는 '시'가 일상에서 느끼는 마음을 가장 잘 표현할 수 있는 방법이에요. 글이 너무 길어지면 쓰면서 어떤 문장을 넣

을까 고민하다가 지칠 때가 있거든요. 읽을 때도 마찬가지고요. 사실 책을 덮고 나면 생각나는 건 많지 않아요. 짧게 읽더라도 더 긴 시간 동안 사유할 필요가 있어요. 이런 면에서 모든 세대에게 시가 도움이 되리라 믿어요.

'의사'로 일하는 것과 '시인'으로 글을 쓰는 것이 작가님께는 어떤 의미인가요?

의사는 단순히 환자의 몸을 치료하는 것이 아니라 마음까지 다스릴 수 있어야 한다고 생각해요. 제 경우, 환자를 진료하는 시간이 조금 긴 편이에요. 우리 직원들이 다른 환자들 기다린다고 진료실 문을 열었다 닫았다 해도 저는 끝까지 들어요. 갈 사람은 가더라도 지금 앞에 있는 사람과의 대화가 중요해요. 다른 사람들한테는 말 못 하는 걸 누군가한테 말하고 나면 속이 후련해지잖아요. 그게 정신과적으로 말하는 치료거든요. 그러다 보니 환자분들의 웬만한 가정사도 다 알고 있죠. 자식 욕하면 들어주다가 같이 욕도 하고 그래요.

그런데 의사라는 직업을 즐길 수 있으려면 저만의 감정과 스트레스도 해소할 수 있어야 해요. 그래서 아름다운 시를 쓰려고 해요. 시를 쓰다 보면 다른 사람들뿐만 아니라 저한테도 정말 큰 도움이 돼요.

어떤 순간에 영감을 얻으시나요?

돌아다니면서 보는 것들에서 영감을 얻어요. 똑같은 나무를 봐도 다양한 생각이 들거든요. 하늘이나 구름, 꽃을 봐도 그렇고요. 제 눈에 아름다운 대상들을 보면서 느끼는 것들이 곧 제 감정이 되고, 저는 그 마음을 시로 표현하죠. 또, 음악에서도 영감을 얻어요. 요즘도 서정적이고 좋은 음악들이 많이 나오지만, 제가 어렸을 때 경험했던 느낌을 불러일으키는 옛 음악을 들으면 더 좋더라고요..

이번 시집에서 가장 애착이 가는 작품은 무엇인가요?

하나만 고르자면 〈80세에 그대와〉라는 시예요. 저는 요즘 나오는 시들이 너무 어려워서 한 페이지를 채 못 읽겠더라고요. 마음을 치유하려고 읽기 시작했는데 '내가 이 정도도 모르는 사람이구나' 싶어서 되려 마음이 무거워지는 거예요. 그래서 저는 그냥 저처럼 평범한 사람들에게 가닿는 글을 쓰려고 했어요. 〈80세에 그대와〉도 그런 시 중 하나인데요. 누구나 나이

가 드는 게 싫죠. 특히, 주변 사람들이 나이 들어가는 건 더 싫잖아요. 주름 하나 없이 곱디고왔던 옛 얼굴을 떠올리면 안타깝기도 해요. 그런데 또 세월이 주는 선물이 있어요. 편안함과 지혜 같은 것들이죠. 이 시에 그런 제 생각이 녹아 있어요. 80세가 되어 자연스레 주름진 손도 저에겐 여전히 예뻐 보일 것 같아요. 그때는 더 따뜻하게 손을 꼬옥 잡아주고 싶어요.

사랑의 감정을 시로 표현할 무엇에 중점을 두셨나요?
〈80세에 그대와〉라는 시를 예로 들면 '주름이 많이 늘었습니다 / 내가 자꾸 쓰다듬어 그럴 겁니다'라는 표현이 있는데요. 이처럼 누구나 이해하고 공감할 수 있도록 쉽게 썼어요. 또 하나는, 사랑의 여러 형태를 담으려고 했어요. 사랑이 이루어지지 않았다고 해서 꼭 슬픈 것만은 아니거든요. 설레는 감정뿐만 아니라 때로는 눈물도 치유를 일으키죠. 그래서 이별과 아픔에 대한 시도 함께 시집에 담았어요.

시를 쓰며 작가님이 가장 행복했던 순간은 언제였나요?
그냥 혼자 시를 쓰는 내내 행복했어요. 쓸수록 더 젊어지고

삶이 풍요로워지더라고요. 생각이 넉넉해지면서 조급함도 줄어들었어요. 또 제 시를 읽고 공감해 주시는 분들을 보면서 저 같은 사람들이 많다는 사실에서 위로도 받았고요. 시집 출간을 기다린다는 분들에게 감사한 마음이에요.

앞으로 계획 중인 다음 작품이 있으신가요?

저희 아이들한테 해주고 싶은 이야기를 책으로 써보려고 해요. 천천히 가더라도 꾸준히 하는 게 얼마나 큰 결과를 가져오는지, 실패를 어떻게 대해야 하는지, 마음의 상처를 어떻게 다스려야 되는지, 큰 성공만 쫓기보다는 소소한 성취에서 행복을 느끼자는 이야기들을 해주고 싶어요. 특히 요양병원에서 연세 드신 분들과 인터뷰한 내용이나 진료하면서 환자분들과 나눈 대화들을 예로 들어가며 써보고 싶어요.

마지막으로, 사랑하는 사람에게 한 말씀해 주세요.

이 세상에 우연한 만남은 없는 것 같아요. 모든 만남이 다 소중한 인연이죠. 흔히들 사랑의 유효기간은 3년이라고들 하는데요. 불같이 뜨거운 사랑은 시간이 지나 변할 수 있어도 진

정한 사랑에는 유효기간이 없다고 믿어요. 배우자뿐만 아니라 가족에 대한 사랑도 마찬가지고요. 저희 가족은 아직 제 시집을 보지 못했어요. 특별한 선물이기 때문에 시집이 출간되면 그때 보여주려고 해요. 사랑하는 사람이 이 시집을 펼쳐서 하루에 한 편씩, 혹은 힘들 때나 기쁠 때 한 편씩 부담 없이 읽으며 힐링할 수 있으면 좋겠어요.

작가 홈페이지

그대에게 드리렵니다

낭만의사 이상훈 시인의 심리 치유시집

발행일 2024년 12월 20일

지은이 이상훈
펴낸이 마형민
기획 신건희
편집 곽하늘 이은주 김예은
디자인 김안석 조도윤
펴낸곳 주식회사 페스트북
홈페이지 festbook.co.kr
편집부 경기도 안양시 동안구 관악대로 488
씨앗트 스튜디오 경기도 안양시 동안구 안양판교로 20

ⓒ 이상훈 2024

ISBN 979-11-6929-651-9 03810
값 12,000원

* 이 책은 저작권법에 의해 보호를 받는 저작물이므로 무단 전재와 무단 복제를 금합니다.
* 페스트북은 작가중심주의를 고수합니다. 누구나 인생의 새로운 챕터를 쓰도록 돕습니다.
  creative@festbook.co.kr로 자신만의 목소리를 보내주세요.